CONSULTATION

de

M. PILLET

Professeur à la Faculté de Droit de Paris
Vice-Président de l'Institut de Droit international

concernant

les affaires agraires des ressortissants hongrois

devant le

Tribunal arbitral mixte roumano-hongrois

(Compétence)

CONSULTATION

de

M. PILLET

Professeur à la Faculté de Droit de Paris

Vice-Président de l'Institut de Droit international

concernant

les affaires agraires des ressortissants hongrois

devant le

Tribunal arbitral mixte roumano-hongrois

(Compétence)

Le Professeur soussigné, consulté sur le litige qui existe en ce moment entre les ressortissants hongrois et la Roumanie au Tribunal arbitral mixte roumano-hongrois, touchant l'effet des lois agraires roumaines en Transylvanie, et notamment sur le point de savoir si le Tribunal est compétent dans ce litige, a émis l'avis suivant :

FAITS

L'annexion de la Transylvanie à la Roumanie eut pour conséquence de faire passer sous le régime des lois roumaines de nombreuses et considérables propriétés appartenant à des Hongrois et situées dans cette province. Pour donner à ces propriétaires la garantie qui leur était nécessaire, l'article 250 du Traité de Trianon fut rédigé. Il s'exprime ainsi :

« Nonobstant les dispositions de l'article 232 et de l'annexe de
« la Section IV, les biens, droits et intérêts des ressortissants hongrois
« ou des sociétés contrôlées par eux, situés sur le territoire de l'ancienne
« monarchie austro-hongroise, ne sont pas sujets à saisie ou à liqui-
« dation en conformité de ces dispositions.

« Ces biens, droits et intérêts seront restitués aux ayants-droit
« libérés de toute mesure de ce genre, ou de toute autre mesure de
« disposition, d'administration forcée ou de séquestre, prises depuis le
« 3 novembre 1918 jusqu'à la mise en vigueur du présent traité.

« Ils seront restitués dans l'état où ils se trouvaient avant l'appli-
« cation des mesures en question.

« Les réclamations, qui pourraient être introduites par les ressor-
« tissants hongrois, en vertu du présent article seront soumises au
« Tribunal arbitral mixte prévu à l'article 239.

. . . . »

Les biens hongrois de Transylvanie ne furent pas à la vérité frappés de saisie ou compris dans les liquidations. Mais il intervint, très peu après la mise en vigueur du Traité (le 30 juillet 1921), une loi agraire ayant pour conséquence l'expropriation de ces propriétaires. Des lois du même ordre étaient portées à la même époque : loi du 15 mai 1920 pour la Bessarabie, loi du 17 juillet 1921 pour le vieux Royaume, loi du 30 juillet 1921 pour la Bucovine. Plus tard, la nouvelle constitution de la Roumanie du 29 mars 1923, qui valait déjà aussi pour les nouvelles provinces, permit dans son article 18, aux seuls Roumains d'acquérir ou de conserver des biens ruraux sur tout le territoire de la Roumanie.

Les propriétaires hongrois dépossédés recoururent à leur Gouvernement, lequel, conformément à son devoir, prit en mains leur cause et adressa des réclamations répétées au Gouvernement de la Roumanie. Ces réclamations demeurèrent sans résultat.

DISCUSSION

§ 1.

On nous demande dire si le Tribunal arbitral mixte roumano-hongrois peut être valablement saisi d'un semblable litige, s'il est compétent quant à sa solution.

Nous répondons que le Tribunal mixte est certainement compétent en la matière.

Les actes dont il s'agit, dont le principal est la loi agraire du 30 juillet 1921, portent dans la législation roumaine le nom d'actes faits pour la réforme agraire. Et le Gouvernement roumain fait dire que ces actes s'inspirent exclusivement du souci d'un intérêt public urgent, et sont simplement destinés à permettre aux ouvriers agricoles de devenir propriétaires.

Il est parfaitement indifférent que les actes en question portent habituellement un nom ou un autre nom, car il faut les juger, non point d'après la dénomination qui leur est donnée, ou suivant les déclarations dont on les accompagne, mais d'après leur nature réelle. Or, la nature réelle desdits actes n'est pas douteuse : ils constituent des mesures de saisie et de confiscation.

Il est facile de donner la preuve de ce que nous avançons ici. Dans cette loi, faite en apparence pour tous les Roumains, il est visible que ce sont en tout premier lieu les Hongrois que l'on a voulu atteindre, et que le Gouvernement roumain n'a jamais eu d'autre intention que celle de les dépouiller.

Nous remarquerons d'abord que la loi agraire dont nous parlons, a été faite seulement pour la Transylvanie, le Banat, et les régions de la Crişana et du Marmureş, alors que dans l'ancien territoire de la Roumanie règne un régime agraire tout différent et infiniment plus respectueux des droits des particuliers.

Il suffit pour s'en convaincre de comparer les dispositions des deux lois agraires du 30 juillet et du 17 juillet 1921.

On dira que les besoins n'étaient pas les mêmes de part et d'autre ; c'est cependant une coïncidence vraiment remarquable de voir les exigences les plus grandes du Gouvernement roumain s'appliquer précisément à des régions où la majorité des propriétaires sont des Hongrois, c'est-à-dire des ennemis à qui l'on reproche à tort ou à raison l'origine même de leur possession et que depuis une longue suite d'années on n'a pas cessé de combattre.

On remarquera aussi que cette réforme qui ne devait atteindre que les grandes propriétés a été étendue depuis même aux petites, et qu'elle a abouti à dépouiller, comme la présente instance le démontre, de tout petits propriétaires n'ayant d'autres moyens de vivre que les produits de leur terre, des gens qui, en tout cas, n'étaient nullement responsables des griefs que l'on faisait à leur patrie.

Ceci déjà est étrange, et s'accorde peu avec les déclarations officielles du Gouvernement roumain ; mais il y a mieux, et le caractère

arbitraire de cette mesure, sa direction également, se révèlent claire-
ment dans la notion donnée de ce qu'on a appelé : l'absentéisme. On a
voulu frapper les absents et cette décision pouvait se défendre ; mais
de l'absence elle-même la loi a donné la définition à la fois la plus rigou-
reuse et la plus artificielle, en limitant à l'époque de l'occupation de ce
pays par les troupes roumaines la période pendant laquelle l'absence
devenait une sorte de crime entraînant la saisie et la confiscation. Or,
il est bien certain qu'à cette même époque il n'y avait plus pour les
Hongrois de sécurité en Transylvanie, et que beaucoup d'entre eux
durent abandonner leurs demeures.

L'Administration roumaine trouva le moyen de rendre plus sévère
encore l'application de la loi. Plusieurs des émigrés voulurent rentrer
chez eux, mais cela leur fut impossible ; d'abord, il n'y eut pas de
consuls roumains en Hongrie ; ensuite lorsqu'il y en eut, ceux-ci refu-
sèrent le visa des passeports qui leur étaient présentés. Le Gouvernement roumain obligeait ainsi ces absents à demeurer des absents, et
il profitait de leur absence pour saisir leurs biens. Cette intention est
tellement accusée que l'on voit énoncé dans des instructions officielles
qu'une absence même minime peut suffire à occasionner la saisie
pour absentéisme. (Ordonnance d'exécution du 29 juillet 1922, à
l'article 6, § c ; id., du 14 août 1922, à l'article 6, § c.)

Mais on dira peut-être : cette expropriation que les besoins de
l'agriculture rendraient indispensable, ne fut pas elle-même injuste ;
elle a été faite avec indemnité.

Ce point de l'indemnité est peut-être ce qui charge davantage la
Roumanie dans toute cette procédure ; car ce pays s'est arrangé de
façon à ne rien donner du tout aux expropriés tout en paraissant leur
payer la valeur de leurs biens. Il fut déclaré en effet (article 50 et sui-
vants de la loi du 30 juillet 1921) que le prix donné de chaque terre
expropriée ne dépasserait pas le prix de cette même terre en 1913.
Naturellement, le prix de 1913 était un prix en or, mais le même chiffre
représentait déjà en 1923, en lei papier, 40 fois moins que l'or. C'est
en réalité le 40e du prix ou 2 ½ % qui étaient ainsi payé aux expropriés.
On est allé plus loin, et jusqu'à permettre le paiement en titres de
rentes roumains, titres qui sont très loin du pair. Ainsi calculée, l'indemnité arrivait à peine à 1 % du prix en 1913. Il aurait été plus loyal de
ne rien donner du tout, puisqu'aussi bien ce que l'on donnait équivalait
à rien du tout. Aussi, presque tous les expropriés s'abstinrent-ils
d'aller toucher l'indemnité dérisoire qui leur était allouée et qu'ils
devaient racheter en outre par une renonciation à toute réclamation
ultérieure.

Nous sommes loin, avec ce procédé, de la juste et préalable indemnité qui dans tous les pays civilisés est la condition première d'une
expropriation.

Nous noterons enfin que, alors que l'expropriation est toujours un
phénomène local et très limité dans ses effets, dans le cas présent elle
a pris une généralité qui lui donne une physionomie toute particulière.
Cette prétendue expropriation s'est étendue à des régions entières. Elle
a été faite tantôt pour les besoins de la culture, tantôt pour les besoins
étrangers à la culture ; c'est en réalité un régime de liquidation forcée
qui a été établi dans ce pays avant même la mise en vigueur du Traité
de paix, régime de dépossession sans indemnité portant en fait presque

exclusivement et, en tout cas, beaucoup plus lourdement sur les propriétés hongroises et se masquant difficilement sous le prétexte de l'intérêt général.

§ 2.

Les mesures ainsi arrêtées rentrent-elles pour leur appréciation dans la compétence du Tribunal arbitral mixte roumano-hongrois?

On n'en peut pas douter. Nous sommes ici en face de deux thèses opposées l'une à l'autre : celle du Gouvernement roumain qui prétend n'avoir pris ces mesures que dans l'intérêt général de l'agriculture, et celle des ressortissants hongrois qui soutiennent qu'il y a là des éléments d'un régime, non point de paix, mais de guerre, et que ces mesures ne sont rien autre que des moyens inventés pour liquider sournoisement des biens qui en réalité devraient rester au-dessus de toutes tentatives de liquidation.

Qui prononcera entre ces deux thèses? Ce ne peut être que le Tribunal arbitral mixte ; car c'est à lui qu'il appartient, d'après l'article 250 du Traité, de faire respecter les droits des Hongrois dans les territoires transférés à la Roumanie. Or, précisément, il s'agit ici de tracer le cadre général de cette obligation de respect, en décidant si oui ou non les mesures précitées y sont contraires.

On objecterait vainement qu'il s'agit là d'actes législatifs postérieurs à la mise en vigueur du Traité (26 juillet 1921), et qui par suite ne rentrent pas dans la compétence générale du Tribunal arbitral mixte dont nous parlons. Mais il faut savoir que la compétence des Tribunaux arbitraux mixtes n'est pas toujours limitée aux actes de guerre, et qu'elle s'étend quelquefois à des actes accomplis postérieurement à l'époque où le Traité a commencé de produire ses effets. Tel est par exemple le cas prévu par l'article 232 *i* du Traité de Trianon, où nous voyons le Tribunal exercer son contrôle sur les opérations postérieures au Traité de Paix. Cet exemple est loin d'être isolé. Il faut considérer aussi que de nombreux actes reprochés à l'administration roumaine, remontent à une époque antérieure à celle de la mise en vigueur du Traité de Trianon.

On observera en outre que le recours au Tribunal arbitral mixte est bien le seul moyen que possèdent les intéressés d'obtenir justice. Dans une affaire aussi considérable et qui a passionné à ce point l'opinion publique, on s'adresserait en vain aux juridictions ordinaires de l'un ou de l'autre Etat. Les tribunaux hongrois n'hésiteraient pas à déclarer ces mesures illégales et contraires au Traité, leurs décisions au surplus n'auraient aucune force en Roumanie ; les juges roumains, si même ils consentaient à examiner la validité de ces mesures, ce qui est peu probable, se tiendraient pour obligés de les déclarer parfaitement légales et conformes au droit interne du pays. Seul le Tribunal arbitral roumano-hongrois dira le droit, et n'écoutera que les seules suggestions de la justice.

En réalité, ces mesures sont des actes de guerre et non pas des actes de paix. Elles s'éclairent par cet article de la Constitution roumaine du 29 mars 1923 (article 18), qui permet aux seuls Roumains d'acquérir ou de conserver des biens ruraux sur le territoire de la Roumanie. Pour rendre leur exclusivisme plus efficace, les Roumains ont voulu faire disparaître d'abord les propriétés hongroises existant au moment du Traité.

Cet esprit belliqueux se comprend. Il n'en reste pas moins vrai que de semblables agissements sont entièrement contraires à l'esprit du Traité de Trianon. Le Traité de Trianon a voulu rétablir la paix entre ces deux voisins, et la garantie de l'article 250 figure parmi les moyens choisis pour réaliser cet état de paix. Ce texte a, par là même, un caractère véritablement sacré, et c'est aller contre les volontés de l'Europe tout entière que d'essayer d'en détruire l'effet.

§ 3.

Du reste, pour montrer combien cette façon de faire est irrégulière et opposée à l'usage suivi entre les nations, il est essentiel que l'on sache de quelles précautions la propriété individuelle est entourée dans des circonstances semblables. En le rappelant, on comprendra pourquoi nous avons le droit de qualifier cette manière de faire de barbare et de contraire à l'usage constant des nations.

Toujours, dans les traités de paix, on a convenu implicitement ou explicitement qu'après le rétablissement de la bonne harmonie entre les ennemis de la veille, les propriétés que ceux-ci pourraient avoir les uns chez les autres seraient sauvegardées. Citons quelques exemples.

On se rappelle que la guerre poursuivie entre la France et l'Angleterre pendant toute la durée du Premier Empire fut accompagnée de mesures extrêmement sévères. C'est ainsi que les propriétés anglaises sises en France furent saisies et confisquées. Cela ne fut pas définitif. A la paix, on songea à réparer ces injustices, et nous voyons une clause additionnelle et secrète du Traité de Paris du 30 mai 1814 stipuler la restitution de la terre d'Aubigny au Duc de Richmond, contre qui elle avait été confisquée. On considérait donc que la restitution de la propriété était une des conséquences normales de la guerre. On sait du reste que cette restitution fut l'origine d'un procès célèbre entre les héritiers du Duc de Richmond (Cass., 24 juin 1839 S. 39-1-577).

Je citerai également la leçon que nous donnent les articles additionnels au Traité de Francfort du 10 mai 1871. (V. aussi Conférences de Francfort ; de Clercq, Traités de la France, t. X, p. 503 et suiv.) Il s'est agi dans cette convention de régler plusieurs points importants auxquels le Traité n'avait pas touché, parmi lesquels le transfert à l'Etat allemand des chemins de fer alsaciens-lorrains. Rien n'aurait été sans doute plus facile que de faire, comme le font les Roumains d'aujourd'hui, une loi spéciale, laquelle aurait purement et simplement transmis à l'Etat allemand tous droits de propriété sur les chemins de fer alsaciens-lorrains et certes à cette époque la France n'aurait pas pu s'y opposer. Ce n'est point ainsi que l'on a procédé, et les articles additionnels (de Clercq, id. X, p. 478), que nous avons cités, ont pris au contraire des précautions minutieuses pour la garantie des droits de la Compagnie de l'Est et des tiers intéressés dans les affaires de cette Compagnie. C'est donc bien que l'on considérait cette propriété comme sacrée (art. 1 et suiv.). La convention additionnelle du 11 décembre 1871 a veillé de même (art. 13) à la conservation de tous les droits particuliers établis sur des immeubles du domaine public.

Le plus grand nombre d'exemples de cette sorte nous est fourni par l'application du Traité de Turin qui céda à la France la Savoie et le Comté de Nice (24 mars 1860). Non seulement ce traité a un article qui maintient expressément les droits de propriété des collèges et de tous autres établissements publics (art. 7) ; mais dans l'application qui en fut faite, les autorités tant administratives que judiciaires ont pris grand soin de ménager les propriétés existant avant l'annexion.

Cela parut notamment dans la célèbre affaire des cartelles des chanoines de Saint-Jean-de-Maurienne. Ces cartelles étaient des titres de rente, dont les arrérages servaient à payer auxdits chanoines les pensions auxquelles ils avaient droit. A l'annexion, ces cartelles furent transmises au Gouvernement français, et plus tard, lorsque la loi de finances de 1885 eut supprimé par voie d'extinction les traitements affectés aux postes de chanoine, on se demanda si cette suppression atteignait les chanoines de Saint-Jean-de-Maurienne. Par deux décisions successives, le Conseil d'Etat fit justice de cette prétention (8 août 1892 et 8 août 1896 ; Sirey 94. 3. 76 et 98. 3. 110).

Une discussion semblable s'éleva au sujet de la propriété des églises paroissiales qui, sur les territoires annexés appartenaient aux fabriques. Ici, ce fut le Tribunal de Chambéry qui, par un jugement du 4 février 1880 (Journal de droit international privé 1880, p. 103), décida que cette propriété devait être respectée.

Ces divers cas sont loin d'être isolés, et on trouve même des circonstances où cette idée de survivance de la propriété aboutit à des résultats absolument extraordinaires. Un de nos collègues de Nancy, M. Trotabas, a parlé dans une monographie fort intéressante (thèse, Paris 1923), des Bandites, sorte de pâturages communs existant dans les Alpes-Maritimes avant l'annexion de 1860, conservés depuis par respect pour les droits des habitants et qui restent aujourd'hui encore à l'état de propriété commune, quoique les lois italiennes qui les avaient établies soient abrogées depuis longtemps.

Les exemples qui précèdent marquent bien le grand respect dont on a toujours entouré la propriété individuelle dans le droit de l'annexion, respect d'une origine ancienne, maintes fois consacré par les tribunaux. Qu'il nous suffise de rappeler ici la célèbre affaire des princes de Looz Corswavren et celle des princes de Kirbourg.

Dans un domaine voisin la même idée règne en maîtresse. Nous voulons parler de l'occupation. Soit qu'il s'agisse de territoires sans maîtres, soit que l'on considère les occupations qui ont lieu à la suite d'une guerre, on voit toujours l'occupant respecter les établissements individuels sur le territoire occupé et ce respect va si loin que sur les territoires sans maître, qui n'ont pas de souverain et par suite pas de législation, on s'abstient cependant de toucher aux factoreries et magasins qui peuvent avoir été établis. (V. not. Acte de Berlin du 26 février 1885, art. 5 et 8.)

Cette notion du respect de la propriété individuelle est vivante et domine dans les rapports internationaux. Nous en rapporterons une preuve tout à fait illustre. Lorsque par l'effet de la loi du 1er juillet 1901, les Chartreux virent saisir et confisquer les établissements qu'ils possédaient en France, la procédure de liquidation dont ils furent l'objet atteignit même les célèbres marques de la Chartreuse, de telle sorte que ces marques mises en adjudication furent transférées à la suite des enchères à un tiers acquéreur ; jamais ce tiers ne put faire reconnaître son droit à l'étranger. La question fut jugée on peut le dire par les tribunaux de tous les pays du monde ; partout, on se refusa à admettre le fait de cette translation qui avait eu lieu au mépris de la propriété individuelle des Chartreux. (V. n. Droit international de la propriété industrielle, p. 378 et suiv.).

Après cet illustre exemple, on peut dire que la loi peut tout faire, sinon transformer un acte injuste en acte juste au point de vue international, et l'on doit convenir que l'article 250 du Traité de Trianon appartient à la plus pure lignée des principes du droit international.

§ 4.

Nous avons ainsi un aperçu des questions auxquelles la matière de la propriété peut donner lieu. Dans notre espèce, qui jugera ces questions ? Ce sera incontestablement le Tribunal arbitral mixte. Remarquons qu'il n'est pas besoin ici de discuter une fois de plus le point de savoir si la compétence du Tribunal arbitral mixte s'arrête ou ne s'arrête pas aux seuls cas prévus dans le texte du traité. L'article 250 du Traité de Trianon établit en termes exprès cette compétence. Toute la difficulté est de bien dégager le caractère de la loi incriminée. Nous prétendons en effet qu'il s'agit dans cette loi, non point d'une réforme agraire sérieuse inspirée par le seul souci d'améliorer la condition des ouvriers agricoles de Transylvanie ou du Banat, mais d'un procédé tout particulier de liquidation des biens appartenant à des Hongrois sur le territoire transylvain ; la question qui s'élève est de savoir si cet acte ne rentre pas dans les définitions données par l'arrêt n° 7 de la Cour permanente de Justice de La Haye, et surtout par l'article 232 du Traité de Trianon, annexe § 3. Cette annexe donne en effet la définition des mesures de séquestre et des mesures de disposition prises sur les biens ennemis, et il s'agit précisément de savoir si cette définition ne s'applique pas exactement aux procédés contre lesquels s'élèvent les réclamations hongroises.

Or, l'article 232 est compris à la section IV de la dixième partie du Traité de Trianon, et d'après l'article 239, les différends naissant des sections III, IV, V et VII rentrent dans la compétence dudit Tribunal. Voici maintenant les textes de la combinaison desquels la compétence du Tribunal mixte roumano-hongrois prend dans l'espèce la valeur d'une certitude. Non seulement l'article 63 du Traité de Trianon (§ 4) permet aux optants de conserver les biens immobiliers qu'ils possèdent sur le territoire de l'autre Etat, mais l'article 250 renvoie au Tribunal mixte la connaissance des réclamations qui pourront surgir de ce chef. Il les assimile donc dans cette mesure aux sujets des Puissances alliées et associées. Or, nous lisons dans l'article 232, annexe § 3, que par mesures de guerre donnant lieu à indemnité, il faut entendre les mesures exceptionnelles... *prises ou qui seront prises...*

Il est donc certain que dans tous les cas où une indemnité doit être versée, elle s'applique aux actes de spoliation accomplis postérieurement à la guerre, comme à ceux qui ont eu lieu pendant sa durée. Au reste, notre article 250 est la reproduction pure et simple du Traité de Saint-Germain, art. 267, dont le sens n'est pas douteux (v. notamment la note du 2 septembre 1919).

Et ceci va nous permettre de répondre à certaines objections présentées contre la thèse des ressortissants hongrois.

On peut observer, et on observe, que l'article 250 touchant l'application duquel notre litige est né, appartient à la section VIII dont l'article 239 *b*, ne parle pas. Oui sans doute, l'article 250 appartient à la section VIII, mais nous prétendons, et il paraît évident, que l'article 250 n'est en réalité qu'une suite de l'article 232 cité plus haut et qui admet expressément, lui, la compétence du Tribunal arbitral mixte roumano-hongrois pour les litiges qui seront soulevés. Du reste, le texte de l'article 250 parle du Tribunal arbitral mixte.

Cette analyse répond aussi à l'objection véritablement bien faible que l'on tire quelquefois de ce que dans l'article 250 il n'est question que des faits de spoliation intervenus entre le 3 novembre 1918, date de la Convention d'armistice, et le 26 juillet 1921, jour de la mise en vigueur du Traité, et de ce que les actes concernant l'application des lois agraires sont en général postérieurs à cet intervalle. En elle-même, cette objection, qu'on nous permette de le dire, est quelque chose d'un peu ridicule. Elle revient à dire que le Traité de Trianon a pris les soins les plus minutieux pour protéger les Hongrois des sévices dont ils pourraient être les victimes, et cela pendant deux ans et demi seulement, lesdits Hongrois voyant ensuite leurs intérêts abandonnés sans défense aux fantaisies du Gouvernement roumain. On ne croira pas volontiers qu'une semblable erreur ait pu être commise par les auteurs d'un Traité et nous observerons ici, que cette objection est réduite à néant par le texte de l'annexe à l'article 232, § 3, car nous savons que dans cette annexe, soit qu'il s'agisse des actes d'administration, soit que l'on parle des actes de disposition, les actes encore à venir sont prévus aussi bien que ceux qui appartiendraient au passé.

La relation existant entre l'article 250 et l'article 232 permet en outre de combattre d'autres objections encore.

Nous pensons ici à une raison que l'on a cru pouvoir tirer de l'article 233. Cet article parle des droits des ressortissants des Puissances alliées ou associées possédant des biens en Hongrie, et impose à la Hongrie le devoir de restituer ces biens aux ayants droit dans l'Etat où ils étaient au moment de la guerre, et de ne point les soumettre à des mesures portant atteinte à la propriété qui ne seraient point applicables aux biens, droits et intérêts des ressortissants hongrois.

Cet état de chose serait, dit-on, un maximum, et les Hongrois possessionnés en Transylvanie ne pourraient en aucun cas demander un traitement supérieur à celui qui est assuré en Hongrie aux sujets des Puissances alliées ou associées ; donc, les lois agraires étant faites pour tout le monde, satisfont aux exigences de cet article 233. Cela est très mal raisonné. La mesure d'une protection accordée ne dépend pas de la qualité de la personne, mais du besoin qu'elle a de ladite protection, et l'on comprend très bien que des Hongrois, tenus en Roumanie pour d'irréconciliables ennemis, y soient les objets d'une protection plus étendue pour les biens qu'ils y possédaient que des étrangers amis. Quant à dire que les ennemis ne peuvent en aucun cas avoir des droits supérieurs à ceux des amis, cela n'est pas vrai. Pendant une guerre les Etats belligérants sont privés de tous droits quant aux sujets de leurs ennemis ; ils ne pourraient pas par exemple les naturaliser ; rien au contraire, ne les empêche de naturaliser les personnes ayant qualité de sujets de Puissances alliées ou associées. La guerre qui met aux prises deux peuples a pour conséquence de priver chacun d'eux de tout droit sur les biens et sur les sujets de l'autre.

On fait enfin une dernière objection à la compétence du Tribunal arbitral mixte, objection que l'on tire de la nécessité où l'on serait si cette compétence était admise, de proroger indéfiniment l'existence de ce Tribunal, pour proroger du même coup l'existence de la garantie qu'il devra fournir.

Nous ne voyons pas sur quelle base repose une pareille objection. Il n'est dit nulle part dans le Traité que le Tribunal arbitral mixte dont il s'agit, devra cesser ses fonctions à une époque déterminée, et il suffit de lire l'article 232 sur les réparations et les indemnités, pour voir que la juridiction du Tribunal mixte a été conçue comme devant s'étendre quelquefois bien au-delà de la mise en vigueur du Traité de Paix ; il en sera notamment ainsi lorsque les questions d'indemnité viendront se mêler à des questions de nationalité, ou encore en matière de dettes existant d'un pays à l'autre au moment du Traité.

La perpétuation du Tribunal mixte ne paraît donc pas présenter d'inconvénients, et l'on observera en outre, que si ce Tribunal venait à être dissout, rien n'empêcherait de le reconstituer ultérieurement lorsque le besoin s'en ferait sentir. Il suffirait que le nouveau Tribunal fût établi sur le modèle de l'ancien.

Nous en revenons toujours à ce point que les Tribunaux mixtes ont été établis pour résoudre, conformément au droit et à l'équité, les questions concernant les droits, biens et intérêts nées entre les Puissances belligérantes et les sujets de leurs ennemis. Le litige actuel rentre dans la catégorie ainsi déterminée ; il appartient donc naturellement à la compétence du Tribunal arbitral mixte roumano-hongrois.

§ 5.

Quel est le droit que l'on demandera au Tribunal mixte d'appliquer dans la circonstance ?

Il devra dire d'abord, si l'on peut, au lendemain d'une guerre, effacer par le moyen de la législation intérieure des garanties que le Traité de Paix a établies. Sur ce point, sa réponse ne sera pas douteuse. Quoique nous trouvions trop souvent dans les arrêts cette affirmation imprudente, que l'autorité d'un Traité est égale à celle d'une loi (Voir notre Traité pratique du Droit international privé, T. I, p. 155), le Tribunal devra proclamer qu'une loi ne peut pas abroger un Traité ; cela a été reconnu de tous temps (Voir la note de M. Lyon-Caen dans l'affaire Grus, sous Cass. réq. 25 juillet 1885, Sirey 88-1-17) ; il confirmera donc la jurisprudence du Tribunal de la Seine dans l'affaire Stern (17 juillet 1917, Journal de Droit international privé, 18, p. 238).

Il aura pour se guider le jugement rendu par la Cour permanente de Justice internationale dans l'affaire de la Haute-Silésie polonaise (jugement n° 7). La Cour va jusqu'à affirmer (p. 19) « qu'au regard du

Droit international et de la Cour qui en est l'organe, les lois nationales sont de simples faits, manifestations de la volonté et de l'activité des Etats, au même titre que les décisions judiciaires ou les mesures administratives.

Le Tribunal arbitral mixte refusera donc très nettement aux lois agraires roumaines toute action sur les propriétés hongroises de Transylvanie protégées par l'article 250 du Traité de Trianon. En cela il émettra une décision qui à la vérité n'est pas douteuse, mais que l'on aime à voir répéter de temps à autre, ne fut-ce que pour chasser l'idée si manifestement erronée de la force égale du Traité et de la loi.

Ensuite, le Tribunal décidera la question de savoir, si le nom qu'un Etat donne à une institution par sa législation intérieure, détermine également le caractère de ce procédé au point de vue du Droit international. Il verra s'il y a lieu de tenir compte de ce fait que le produit des expropriations pratiquées contre les ressortissants hongrois propriétaires en Transylvanie n'est pas versé à la caisse commune des réparations mais profite directement soit à des services publics, soit à des ouvriers agricoles dont les dites expropriations auraient pour objet de relever la condition. Sur ce point le Tribunal arbitral roumano-hongrois ne manquera pas de répondre que le bien fait aux uns est illégitime, quand il leur est procuré au détriment des autres. On ne pratique pas la bienfaisance en lésant le droit d'autrui.

Ici se pose en réalité une question de fraude faite à un Traité. Personne n'ignore que la question de l'effet de la fraude à la loi est agitée en droit civil. La question de la fraude faite au Traité n'a pas été, à notre connaissance, discutée jusqu'ici ; elle est cependant d'une influence beaucoup plus certaine. La fraude faite à un Traité, même par la voie de la législation intérieure, n'est pas supportable, soit parce que l'autorité du Traité est supérieure à celle de la loi, ce qui doit interdire à cette dernière toute emprise sur celle-là, soit parce qu'il est inadmissible qu'un Etat qui a engagé sa responsabilité et son honneur en signant un Traité, se serve du mécanisme de sa législation intérieure pour se soustraire à ses obligations.

Mais le Tribunal n'aura même pas à constater en l'espèce expressément cette fraude, puisque l'expropriation sans indemnité et, par surcroît, dans la plupart des cas par la voie d'une différenciation, des biens des ressortissants hongrois, constitue, manifestement « saisie » et « liquidation », sans qu'il soit nécessaire de rechercher, soit les intentions et les motifs de la législation interne, soit l'emploi ultérieur que l'Etat fait des biens ainsi expropriés, c'est-à-dire s'il les emploie à opérer une autre répartition de terre par la voie d'une réforme agraire.

Le Tribunal mixte, en posant des règles conformes à la justice et à la raison, rendra un service éminent à l'autorité du droit dans les relations internationales. Sa tâche est avant tout de maintenir énergiquement le droit des propriétaires hongrois : céder sur ce point serait porter un coup fatal au droit international de l'annexion.

§ 6.

Pour conclure, nous dirons que la question qui se présente ici nous paraît des plus simples. Si les propriétés hongroises de Transylvanie avaient été, de la part du Gouvernement roumain, l'objet des mesures de séquestre, de la procédure de liquidation, bref, d'un procédé de spoliation directe, il n'est pas douteux que l'article 250 du Traité de Trianon aurait été violé, et que le Tribunal mixte serait dans le devoir de rétablir l'autorité de cet article. N'en est-il pas de même lorsque, au lendemain du Traité, et par des voies indirectes, celles de la législation intérieure, la Roumanie s'est ménagé les mêmes résultats et a obéi au même esprit de spoliation? Le Tribunal mixte est ici le conservateur suprême de l'idée de justice. Ne doit-il pas s'opposer à de pareils procédés?

Pour nous, cela n'est pas douteux, et il est facile de voir que si l'on n'étend pas jusque là la compétence du Tribunal arbitral mixte roumano-hongrois, la protection que le Traité de Trianon a entendu organiser ici, tombera à rien.

(Signé) PILLET
Professeur à la Faculté de Droit de Paris,
Vice-président de l'Institut de Droit international.

Paris, le 30 novembre 1926.

PARIS. — IMPRIMERIE E. DESFOSSÉS, 13, QUAI VOLTAIRE. — 93753